Anja Ritterhoff

Fantastische Fabelwesen

Motive aus Tonkarton

Ich bin die Zauberfee!

Abbildung Seite 1

Kleben Sie den weißen Kragen auf das Kleid und platzieren Sie das gestaltete Gesicht. Nun fügen Sie die bemalten Haare an und befestigen den Hut. Den Zauberstab kleben Sie in die Hand und fixieren diese auf dem Kleid. Den Arm bringen Sie von hinten an und ergänzen dann die Schuhe. Nun kleben Sie den Schleier hinter die Fee. Den Schleier und das Kleid verzieren Sie mit Fun Liner und lassen es gut trocknen. Ob die Fee jeden Wunsch erfüllt?

Motivgröße

ca. 26 cm x 39 cm

Material

- Tonkarton, A3: rot
- Tonkarton, A4: gelb
- Tonkartonreste: weiß, gold, hau blau
- Rest Hologramm-Tonkarton: silb
- Filzstift: schwarz, hellblau, rot
- Buntstift: orange
- Tüll, ca. A4: weiß
- Fun Liner: glitzergold

Vorlagenbogen 1A

Im Internet können Sie unter www.ritterhoff.de mehr über die Autorin erfahren.

Ich danke der Firma Marabu für die freundliche Bereitstellung von Materialien.

Fotos: frechverlag GmbH, 70499 Stuttgart;
Fotostudio Ullrich & Co., Renningen

Dieses Buch enthält:
4 Vorlagenbogen

Auflage: 5. 4. 3. 2. 1. | Letzte Zahlen
Jahr: 2006 2005 2004 2003 2002 | maßgebend

frechverlag GmbH, 70499 Stuttgart
Druck: frechdruck GmbH, 70499 Stuttgart

ISBN 3-7724-3002-3 · Best.-Nr. 3002

Lassen Sie sich von

Fabelwesen

verzaubern!

Mal lustig, mal verträumt, aber immer liebevoll gestaltet kommen die lustigen Wesen daher und schaffen uns eine verträumte Welt voller Fantasie und Magie.

Begrüßen Sie mit mir verträumte Einhörner, eine niedliche Fee, zarte Elfen, witzige Trolle, die kleine Meerjungfrau und viele weitere Bewohner einer geheimnisvollen Welt. Im Reich der Fabelwesen gibt es viele ungewöhnliche Gestalten, die die Fantasie von Erwachsenen und Kindern ansprechen und zum Erzählen magischer Geschichten anregen.

Viel Freude an den Fabelwesen wünscht ihnen

Anja Ritterhoff

Die wichtigsten Materialien und Hilfsmittel

- Tonkarton in verschiedenen Farben
- Hologramm-Tonkarton
- Transparentpapier in Weiß
- Bleistift
- Radiergummi
- Schere
- Lineal
- Klebstoff
- Klebestift
- Buntstifte
- Fun Liner in verschiedenen Farben
- Filzstifte
- Lackstift in Weiß
- Cutter mit Schneideunterlage
- Nadel und Faden

Genaue Materialangaben finden Sie bei jedem Motiv. Sie sind immer für einseitig gebastelte Motive angegeben.

So wird's gemacht

Legen Sie das Architektenpapier auf die gewünschte Vorlage auf dem Vorlagenbogen und pausen Sie mit Bleistift alle benötigten Teile ohne Überschneidungen ab.

Das Transparentpapier kleben Sie auf eine dünne Pappe und schneiden alle Motivteile sorgfältig aus. Dies sind Ihre Schablonen. Diese legen Sie auf das gewünschte Material und umfahren sie mit Bleistift.

Dann schneiden Sie alle Teile aus und fügen sie gemäß der Vorlage und der Abbildung zum Gesamtmotiv zusammen.

Zum Schluss übertragen Sie die Bemalung und fertigen die Augen an.

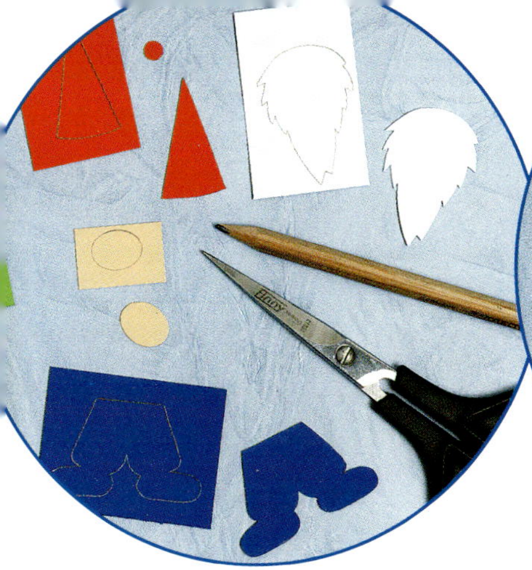

Tipps zur Bemalung

Lichtpunkte
Einige Motive haben Lichtpunkte, die das Bild fröhlicher und lebendiger wirken lassen. Diese tragen Sie mit einem weißen Lackstift oder mit einem weißen Fun Liner auf.

Fun Liner
Das Malen mit dem Fun Liner ist sehr einfach. Die Farbe wird wie mit einem Stift aufgetragen. Bitte lassen Sie mit dem Fun Liner bemalte Motive ca. zwei Stunden trocknen.

Gesichter malen
Um Gesichter exakt zu malen können Sie die Vorlage auf das Kopfteil legen und die Linien mit einem Kugelschreiber durchdrücken. Diese eingedrückten Linien ziehen Sie dann nach. Für die Wangen können Sie eine Kreisschablone oder Klebepunkte verwenden. Wenn Sie sie mit Buntstift aufmalen, drücken Sie diesen nur leicht auf.

So entstehen die Augen

Schritt 1
Zeichnen Sie das Auge mit einer ovalen Schablone auf weißen Tonkarton.

Schritt 2
Dann zeichnen Sie mit einem Filzstift zwei Ovale in das Auge.

Schritt 3
Malen Sie das mittlere Oval nun schwarz aus und lassen Sie den Lichtpunkt weiß.

Schritt 4
Zuletzt malen Sie mit Filzstift einen farbigen Kreis um die Pupille. Schon ist das Auge fertig.

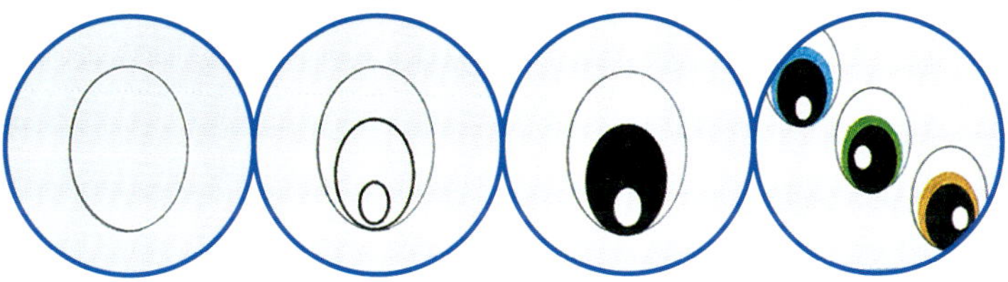

Mein Tipp
Noch schneller geht's, wenn Sie Wackelaugen aufkleben.

Hallo, ich bin Drache Drolli!

Kleben Sie den rosa Bauch auf den Körper und bringen Sie Arme und Beine an. Punkte und Zacken malen Sie mit dem pinkfarbenen Fun Liner auf, die Flügelränder

werden mit silbernem Fun Liner verziert. Lassen Sie alles gut trocknen.
Gestalten Sie das Gesicht und schneiden Sie das Feuer aus Hologramm-Karton aus. Zum Schluss kleben Sie die Flügel vorne und hinten mit etwas Fun Liner auf den Drachenrücken. Nun kann der Drache Glitzerfeuer spucken!

Motivgröße

ca. 40 cm x 34 cm

Material

- Tonkarton, A3: mittelgrün
- Tonkarton, A4: hellgrün
- Tonkarton, A5: rosa
- Tonkartonreste: weiß, orange
- Rest Hologramm-Tonkarton: silber
- Fun Liner: glitterpink, glittersilber
- Drahtband, 12 cm breit, 25 cm lang: silber
- Filzstift: schwarz, hellblau

Vorlagenbogen 3A

Lustiges Treffen der Trolle

Beschreibung Seite 10

Motivgröße

Troll: ca. 17 cm x 27 cm

Material

- Tonkarton, A4: haut, gelb, blau
- Tonkarton, A5: rot, grün, weiß
- Tonkartonreste: hellblau, flieder, hellgrün
- Fun Liner: gelb, glittergrün, glitterrot
- Filzstift: schwarz, hellblau
- Buntstift: orange
- Lackstift: weiß

Vorlagenbogen 1B

Lustiges Treffen der Trolle

Abbildung Seite 8/9

Kleben Sie die Köpfe hinter die Körper und platzieren Sie die Trollhaare. Fügen Sie die Arme mit Händen sowie die Füße bzw. die Schuhe an. Dann gestalten Sie die Gesichter und übertragen die restliche Bemalung.
Der Pilz erhält weiße Punkte und den Stiel. Kleben Sie die Flügel hinter die Körper der Schmetterlinge und bemalen Sie sie. Nun arrangieren Sie alles zu einem Gesamtmotiv.
Ob die Trolle den Pilz mit nach Hause nehmen?

Hokus, Pokus, Fidibus!

Den Hut verzieren Sie mit einer grünen Krempe und einem goldenen Stern. Kleben Sie den Bart auf den Hut, darauf kleben Sie das Gesicht und gestalten es. Dann fügen Sie den Schnauzbart hinzu und bringen den Kopf auf dem Körper an. Die Hand wird am bemalten Zylinder befestigt, diesen fixieren Sie dann auf dem Körper. Den Hasen kleben Sie in diesen und gestalten sein Gesicht. Die zweite Hand des Zauberers kleben Sie an die Hasenohren. In die Pfote des Hasen kleben Sie den Zauberstab mit dem großen Stern. Jetzt fixieren Sie die grünen Schuhe mit den Bommeln am Mantel. Zum Schluss übertragen Sie die restliche Bemalung.
Was der Hase jetzt wohl zaubern wird?

Motivgröße

ca. 30 cm x 38 cm

Material

- Tonkarton, A3: blau
- Tonkarton, A5: grün, rot, braun, weiß
- Tonkartonreste: haut, flieder, gold
- Rest Hologramm-Tonkarton: silber
- Filzstift: schwarz, hellblau, rot
- Buntstift: orange
- Lackstift: weiß, gold

Vorlagenbogen 4A

Motivgröße

ca. 23 cm x 26 cm

Material

- Tonkarton, A3: lila
- Tonkarton, A5: haut, schwarz
- Tonkartonreste: gelb, grün, weiß, orange, pink
- Rest Hologramm-Tonkarton: silber
- Filzstift: schwarz, hellblau, rot
- Buntstift: orange
- Lackstift: weiß
- Motivlocher: Stern

Vorlagenbogen 1B

Hui, jetzt wird gezaubert!

Kleben Sie das Gesicht und den Hut auf die Haare. Den Hut verzieren Sie mit einer Krempe und kleinen, ausgestanzten Sternen. Dann gestalten Sie das Gesicht der Hexe.

Kleben Sie den Kopf auf den Körper. In die Hände kleben Sie die Kugel und den Zauberstab, dann werden sie mit den Ärmeln versetzt an das Kleid geklebt. Übertragen Sie die restliche Bemalung. Bringen Sie die Schuhe an und kleben Sie die verzierten Flicken auf das Hexenkleid.

Jetzt kann gezaubert werden!

Im Zauberwald bei den Einhörnern

Abbildung Seite 14/15

Befestigen Sie die hinteren Beine an den Körpern und fügen Sie die Hufe an. Jetzt bemalen Sie die Einhörner und tragen den Strukturschnee auf, welchen Sie ca. zwei Stunden trocknen lassen.

Mit Klebestift kleben Sie den Filz zur Stabilisierung auf weißen Tonkarton.

Fortsetzung Seite 14

Motivgröße

Weißes Einhorn:
ca. 36 cm x 29 cm

Material

- Tonkarton, A3: weiß, braun, grün (2x)
- Tonkarton, A5: silber, rosa
- Hologramm-Tonkarton, A5: silber
- Filz, ca. A5: weiß
- Filzstift: schwarz, hellblau
- Buntstift: orange
- Fun Liner: glittersilber, glittergrün
- Strukturschnee, Pinsel
- Motivlocher: Stern

Vorlagenbogen 2A

Schneiden Sie die Mähnen und die Schweife einmal aus Filz und einmal aus silbernem Tonkarton bzw. Hologramm-Tonkarton aus und platzieren Sie sie versetzt übereinander auf den Körpern. Jetzt kleben Sie die Hörner auf.
Das weiße Pferd wird zusätzlich leicht mit einem blauen Buntstift bemalt.
Verzieren Sie die Baumkronen mit Fun Liner und kleben Sie die Baumstämme an.
Die Sterne und den Mond arrangieren Sie um die Einhörner herum.
Jetzt kann im Zauberwald geträumt werden.

Elfenzauber

Beschreibung Seite 18

Motivgröße

ca. 22 cm x 31 cm

Material

- Tonkarton, A4: haut
- Tonkarton, A5: pink, blau, brombeer
- Tonkartonreste: hellrosa, weiß, grün, lila, gelb, hellblau, mittelblau
- Rest Hologramm-Tonkarton: silber
- Architektenpapier, A3
- Filzstift: schwarz, hellblau
- Buntstift: orange
- Lackstift: silber
- Fun Liner: silber, glitterblau, -grün, -pink
- 15 Facettenperlen, ø 3 mm, transparent
- 14 Wachsperlen, ø 6 mm, blau

Vorlagenbogen 2B

Elfen-zauber

Abbildung Seite 16/17

Die Haare des Mädchens kleben Sie auf den Kopf, bestreichen sie mit Fun Liner und lassen sie trocknen. Die Haare des Jungen malen Sie auf. Kleben Sie die Hüte auf die Köpfe und gestalten Sie die Gesichter. Nun kleben Sie die Kleider an den Kopf. Das Kleid des Mädchens erhält noch einen Saum. Kleben Sie die Arme hinter die Ärmel und bringen Sie sie dann auf den Kleidern an.
Geben Sie dem Mädchen eine Blume und dem Jungen einen Zauberstab in die Hand, dann fügen Sie die hinteren Arme an. Die Beine werden hinter den Kleidern angebracht. Verzieren Sie die Flügel mit einem silbernen Stift und kleben Sie sie versetzt von hinten auf die Elfenrücken.
Zum Schluss verzieren Sie die Hüte und die Beine des Jungen mit Fun Liner. Um die Perlen zu befestigen tupfen Sie einen Punkt Fun Liner auf den Tonkarton und geben hier eine Perle darauf. Alles gut trocknen lassen.
Nun können die Elfen in ihr Elfenland fliegen.

Sarah, die Seejungfrau

Abbildung Seite 20

Kleben Sie den Kopf auf den Körper und fügen Sie von hinten die Haare an. Jetzt fixieren Sie den Fischschwanz mit der grünen Flosse am Bauch. Die Muscheln werden bemalt und als BH aufgeklebt. Nun gestalten Sie das Gesicht.
Kleben Sie die Steine versetzt aneinander, bringen Sie den Perlenstrang von hinten an und ergänzen Sie die grünen Algen. Jetzt können Sie die Meerjungfrau aufkleben. Tragen Sie den Fun Liner auf. Um die Perlen zu befestigen geben Sie für jede Perle einen Tropfen silbernen Fun Liner auf den Tonkarton und setzen eine Perle darauf. Bemalen Sie zum Schluss den kleinen Fisch und lassen Sie alles gut trocknen. Jetzt kann die Seejungfrau mit dem kleinen Fisch spielen.

Motivgröße

ca. 41 cm x 29 cm

Material

- Tonkarton, A4: hellgrün
- Tonkarton, A5: lila, gelb, haut, blau
- Tonkartonreste: pink, weiß, flieder, grün
- Hologramm-Tonkarton, A4: silber
- Filzstift: schwarz, hellblau, rot
- Buntstift: orange, pink
- Fun Liner: glittergrün, glitterblau, glitterpink, gelb
- Wachsperlen, ø 6 mm: 9 x hellbau, 8 x blau, 6 x mintgrün, 3 x grün
- Perlenstrang, weiß

Vorlagenbogen 4B

Nils, der große Neptun

Kleben Sie den Bart auf den Oberkörper. Jetzt fügen Sie die Krone an, kleben das Gesicht auf und ergänzen den Fischschwanz. Das Gesicht wird gestaltet. Für die Bartstruktur malen Sie graue Buntstiftlinien auf. In eine Hand geben Sie die bemalte Muschel, die andere hält den Dreizack. Auf diesen kleben Sie die Hand. Jetzt bemalen Sie den Bauchrand mit Fun Liner. Die Krone und die Algen verzieren Sie mit Perlen. Jeweils für eine Perle einen Tropfen silbernen Fun Liner auftupfen und darauf eine Perle setzen. Lassen Sie alles gut trocknen. Jetzt kann der kleine Wassermann in seinem Reich regieren!

Motivgröße

ca. 30 cm x 32 cm

Material

- Tonkarton, A4: haut
- Tonkarton, A5: weiß, grün
- Tonkartonreste: rot, gelb, blau
- Hologramm-Tonkarton, A4: silber
- Filzstift: schwarz, hellblau, rot
- Buntstift: orange, grau
- Wachsperlen, ø 6 mm: 5 x blau, 4 x grün, 7 x mintgrün
- Fun Liner: silber, glittergrün, rot

Vorlagenbogen 4A

Kleines Seeungeheuer

Kleben Sie das Seeungeheuer hinter die blaue Welle. Fixieren Sie die Schnute und kleben Sie Nase und Augen auf. Die Haare fügen Sie von hinten an und gestalten das lustige Gesicht. Mit dem roten Fun Liner tupfen Sie einige Punkte auf das Tier. Nun malen Sie mit den drei anderen Farben die Wellen auf das Wasser. Jetzt kann das Ungeheuer auftauchen!

Motivgröße

ca. 32 cm x 33 cm

Material

- Tonkarton, A3: blau, grün
- Tonkartonreste: gelb, rot, weiß
- Fun Liner: weiß, glitterblau, blau, rot
- Buntstift: orange, rot
- Filzstift: schwarz, hellblau

Vorlagenbogen 4B

Penelope und Paul Pegasus

Die Hufe kleben Sie an die Beine und die Mähne zwischen die Ohren. Nun gestalten Sie das Gesicht und übertragen die Bemalung.
Dann bringen Sie den Schwanz an und kleben das Flügelpaar versetzt auf den Rücken. Verzieren Sie den Schwanz und den Flügel mit silbernem Fun Liner.
Nach dem Trocknen kann der Flug losgehen.

Motivgröße

ca. 46 cm x 34 cm

Material

- Tonkarton, A3: rosa, weiß (2x), violett
- Tonkarton, A4: lila, bordeaux, dunkelrosa
- Filzstift. schwarz, hellblau
- Fun Liner: glittersilber

Vorlagenbogen 2A+2B

Hallo, ich bin ein Riese!

Kleben Sie das Gesicht auf den Bart und gestalten Sie es. Den Bart verzieren Sie mit grauen Buntstiftlinien und kleben ihn auf die rote Jacke. Von hinten fügen Sie die Arme und die Hose an. Nun kleben Sie die Beine mit den Schuhen hinter die Hose. Die Kleidung des Riesen bekleben Sie mit lustigen, bemalten Flicken. Jetzt kleben Sie den Baum zusammen und geben ihm den Riesen von hinten in die Hand.
Für die Zwerge kleben Sie die Gesichter auf die Bärte und bemalen diese. Fügen Sie nun die Hüte an und kleben Sie die Köpfe auf die Jacken. Von hinten werden die Hosen befestigt und die Schuhe schwarz aufgemalt. Einen Zwerg kleben Sie auf die Hand des Riesen, die anderen platzieren Sie gemäß der Abbildung.
Der sprechende Baum erhält ein grünes Gesicht mit brauner Nase.
Malen Sie die Linien mit Buntstiften auf.
Was sich die fünf Gesellen wohl für Geschichten erzählen?

Motivgröße

Riese: ca. 30 cm x 37 cm
Baum: ca. 26 cm x 36 cm

Material

- Tonkarton, A3: hellbraun
- Tonkarton, A4: haut, grün, dunkelgrün, rot, dunkelbraun
- Tonkarton, A5: grau, blau
- Tonkartonreste: braun, weiß, gelb, schwarz, hellgrün
- Filzstift. schwarz, hellblau
- Buntstift: orange, grau, Brauntöne
- Lackstift: weiß

Vorlagenbogen 3B

Na,
mein kleiner Freund!

Beschreibung Seite 32

Kleiner Gold-wichtel

Beschreibung
Seite 32

Motivgröße

Wichtel: ca. 24 cm x 27 cm

Material

- Tonkarton, A4: gelb
- Tonkarton, A5: schwarz, blau, grün, braun, haut
- Tonkartonreste: rot, grau, weiß
- Hologramm-Tonkarton, A5: silber
- Filzstift: schwarz, hellblau, rot
- Lackstift: weiß
- Fun Liner: glitzergold
- 16 bunte Pailletten
- Motivlocher: Stern

Vorlagenbogen 3A

Kleiner Goldwichtel

Abbildung Seite 30/31

Bestücken Sie den Hut mit der Krempe und dem Bommel. Nun kleben Sie den Bart hinter das Gesicht und platzieren es auf dem Hut. Die Jacke wird hinter den Bart geklebt und die Ärmel mit Händen werden fixiert. Dann ergänzen Sie die Schuhe und übertragen die restliche Bemalung. Hinter den Korb kleben Sie das weiße Papier und an den Berg die Spitzhacke. Das Gold tupfen Sie mit Fun Liner als Punkte auf und geben die Pailletten darauf. Auf dem Berg verstreichen Sie einfach etwas Fun Liner für die Goldstruktur. Die Sterne und den Mond fertigen Sie aus Hologramm-Tonkarton an und arrangieren sie um das Motiv herum. Jetzt kann der Wichtel tolle Schätze finden.

Na, mein kleiner Freund!

Abbildung Seite 28/29

Kleben Sie die Schnute des Teufels auf und bemalen Sie diese. Dann gestalten Sie sein Gesicht und platzieren die Hörner mit den Haaren am Kopf. Kleben Sie dem kleinen Teufel seinen Schwanz, den Huf und die Flügel an. Jetzt werden alle restlichen Linien aufgemalt und die bemalte Fledermaus wird in seine Hand geklebt. Für das Feuer schneiden Sie mit einem Cutter die Flammen aus und kleben das Transparentpapier dahinter. Von vorne ergänzen Sie den schwarzen Berg.
Die Fledermäuse werden zusammengesetzt und mit einem Gesicht verziert. Jetzt kann der Teufel mit seinen kleinen Freunden spielen.

Motivgröße

Teufel: ca. 32 cm x 13 cm

Material

- Tonkarton, A3: rot
- Tonkarton, A4: schwarz
- Tonkarton, A5: grau
- Tonkartonreste: hellgrau, gold, haut, weiß, hellbraun
- Transparentpapier, A5: gelb
- Filzstift: schwarz, hellblau, rot
- Buntstift: orange
- Lackstift: weiß
- Cutter mit Schneideunterlage

Vorlagenbogen 1A